Más allá del huerto

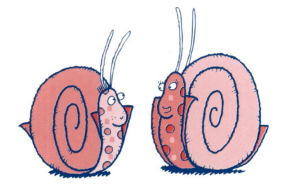

por Sandra Widener
ilustrado por CD Hullinger

Orlando Boston Dallas Chicago San Diego

Visita *The Learning Site*
www.harcourtschool.com

Nieves y su hijo Diego viven en este tranquilo huerto. Pasan todo el día comiendo las jugosas plantas.

—Ya estoy aburrido de este huerto —dijo Diego un día—. Tiene que haber algo más divertido afuera, estoy seguro.

—Diego, somos dos pequeños caracoles —dijo Nieves—. Los caracoles no salen a pasear por el mundo.

—Sólo iremos a dar una vuelta, Mamá —prometió Diego—. ¡Mira, podemos subir por allí!

—¡Subir por el desagüe! —exclamó Nieves asustada. Diego fue convenciendo a su mamá poco a poco.

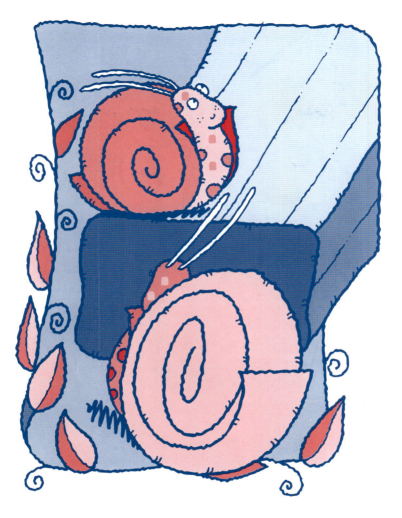

—Está muy alto —dijo Nieves—.
¿No tienes miedo?
—No —contestó Diego valiente,
pero ya no parecía tan seguro.

—Ánimo, Mamá —dijo Diego mientras comenzó a subir lentamente por el desagüe. Nieves fue detrás.

—¿Tenemos que ir hasta arriba?
—preguntó Nieves—. Hace frío.
—No tengas miedo —dijo Diego—,
y no mires hacia abajo.

—Ahora ya puedes mirar, Mamá —dijo Diego cuando llegaron al tejado.

Lo que vieron desde el tejado sorprendió a los dos caracoles. Todo era muy pequeño y estaba muy lejos.
—¡Es maravilloso! —dijo Nieves.

El huerto era diminuto visto desde arriba. El tren parecía de juguete y el mar, sólo un charco.

De pronto se puso a llover.
—Podemos bajar con el agua por el desagüe —propuso Nieves.
Los dos se dieron mucha prisa.

Como en una cascada, los dos caracoles bajaron por el desagüe hasta el huerto.

—¿Hemos subido hasta allí arriba?
—preguntó Nieves—. Casi no lo
puedo creer.
—Sí —dijo Diego—, y fue
muy divertido.

—Me gustaría subir otro día —dijo Nieves—. Ahora sé que hay cosas muy interesantes más allá del huerto.
—¡Volveremos! —dijo Diego.